Alle Kinder dieser Welt springen

In Liebe meiner Tochter Sonja gewidmet.

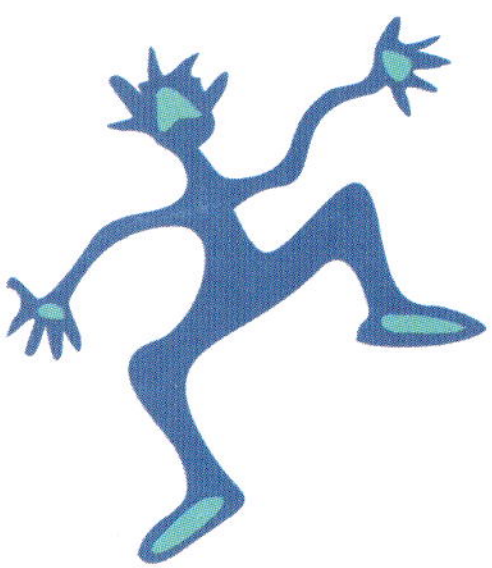

Mein Dank gilt meinem Schwager Ralf Lankau, der in kreativer Arbeit meine Ideen umgesetzt hat und seiner Freundin Claudia Treffert, die in liebevoller Weise die Texte redigierte.

Mein Dank gilt auch den Kindern Maika und Maren Hassan-Beik und Fabian, Jessica und Sonja Lankau, die eifrig mitgesprungen sind, sowie allen Helfern, die im Hintergrund mitgewirkt haben, damit dieses Buch entstehen konnte.

Mein Dank gilt außerdem dem Verlag Karl Hofmann, der die Veröffentlichung dieses Springbuchs ermöglicht hat.

Inhaltsverzeichnis

Vorwort

Ich möchte kurz erzählen, wie es zu diesem Buch gekommen ist. Unsere Tochter Sonja hatte im zweiten Schuljahr eine Knieverletzung und konnte nicht laufen. Ich musste sie deshalb zwei Wochen lang jeden Morgen zur Schule bringen und mittags wieder abholen. Es kam sehr häufig vor, dass ich während der Pausen auf dem Schulhof stand und die Kinder beim Spielen beobachtete.

Ein Spiel fiel mir besonders ins Auge: der Gummitwist. Es wurde mir warm ums Herz, denn ich erinnerte mich an meine eigene Kindheit. In den sechziger und siebziger Jahren spielten wir tagelang dieses Spiel. Auf dem Schulhof und in unserer Freizeit war es unsere wichtigste Beschäftigung.

Interessiert verfolgte ich jetzt, dreißig Jahre später, dieses Hüpfspiel. Erstaunt stellte ich fest, was daraus geworden war. Oft sprangen die Kinder nicht, sondern liefen mehr oder weniger geschickt zwischen den zwei gespannten Gummischnüren hin und her. Auf meine Nachfrage kannte keines der Kinder die früher gängigen Sprungkombinationen.

Ich fand es sehr schade, dass viele Sprünge von früher verloren gegangen waren. Für meine und alle sprungbegeisterten Kinder dieser Welt, fasste ich deshalb den Entschluss, alle Sprünge, Spielregeln und Twists in einem Buch zusammenzufassen, um dieses wundervolle Spiel zu erhalten.

Zudem war es mein Wunsch, Kindern mit motorischen Störungen über ein Spiel Hilfestellung zu geben. Durch die Sprünge und die Sprüche der Twists und des zusammen Spielens haben Kinder mit Isolations- und Kommunikationsstörungen eine große Chance, wieder mehr mit anderen Kindern zu spielen. Balance und Rhythmik werden gefördert, und die Kinder betätigen sich sportlich.

Ich sammelte lange bei vielen Verwandten, Bekannten, Freunden und Kindern „alte“ und „neue“ Twists. So entstand dieses Buch.

Ich bin davon überzeugt, dass es vielen Kindern und Erwachsenen Freude bereiten wird.

Eure Sabine Lankau

Twist skipping

Twist skipping (Gummitwist) ist immer noch das beliebteste Spiel auf dem Schulhof. Genaue Quellen, wann und wie der Gummitwist Deutschland eroberte, konnte ich nicht ermitteln. Nach vielen Aussagen älterer Leute scheint sich das Spiel Ende der fünfziger, Anfang der sechziger Jahre hier bei uns verbreitet zu haben.

Gummitwist ist eine Mischung aus Seilspringen und Fingergummi. Abgeleitet vom Tanz „Twist" hat es neben seiner sportlichen auch noch eine tänzerische Note. Twist skipping kombiniert tänzerische Grazie, Geschicklichkeit, sportliche Ausdauer, Übung der Balance und Motorik sowie Kommunikation und Kreativität.

Das schöne an diesem Spiel ist, dass ihr euer Gummiband überall mit hin nehmen könnt, denn es passt in jede Hosentasche. Außerdem macht Twist skipping auch deshalb so viel Spaß, weil ihr es fast überall spielen könnt.

Der Gummi

Früher musste zum Leidwesen unserer Mütter und Großmütter meist der Nähkorb herhalten, wenn der Gummi mehrfach gerissen und deshalb zum Spielen ungeeignet war. So gab es dünne und dicke, weiße Gummis und dünne und dicke, schwarze Gummis. Sie wurden einfach auf die gewünschte Länge abgeschnitten und zusammengeknotet. Das hatte den Vorteil, dass wir sie wieder öffnen konnten, um sie zum Beispiel an einem Baum fest zu binden.

Heute gibt es im Spielzeughandel wunderschöne bunte Gummis, die aus einem Stück gefertigt sind.

Die Mitspieler

Es kommt vor, dass ihr keine Partner fürs Twist skipping findet – aber ihr könnt auch allein oder zu zweit spielen. Ersetzt einfach die fehlenden Mitspieler durch geeignete Gegenstände z. B. einen Stuhl, eine Mülltonne, einen Zaun, einen Baum, ein Schild oder Ähnliches.

Mit einem Gummi können vier Kinder gut spielen. Wenn jeder gegen jeden spielt, veranstaltet ihr einen Einzelwettbewerb. Oder es spielen zwei in einer Gruppe. Dann ist es ein Mannschaftswettbewerb.

In einer Mannschaft könnt ihr euch entscheiden, ob jeder einzeln vorspringt oder – was nicht so einfach ist – ihr springt zur selben Zeit genau das Gleiche. Man nennt das Synchronspringen. Springt dabei einer der Spieler eines Teams etwas zu früh oder zu spät, wird dies bereits als Fehler gerechnet, und die andere Gruppe darf mit ihrem Spiel beginnen.

Das Buch

Wie das Buch aufgebaut ist

Der erste Teil erklärt, wie vielfältig sich das Gummiband als Spielzeug verwenden lässt und wie ihr springen könnt. Ihr lernt die verschiedenen Höhen, Breiten und Sprungarten.

Im zweiten Teil zeige ich euch die verschiedenen Sprungmöglichkeiten. Ich habe 22 unterschiedliche Sprünge zusammengestellt und sie nach Schwierigkeitsgraden unterteilt. Damit sich jeder von euch die Sprünge besser einprägen kann, habe ich jeden Sprung nach einem passenden Tier benannt.

Zu allen Sprüngen gibt es ein Tierbild, Fotos und Zeichnungen des Sprungs sowie einen Text, der euch erklärt, wie ihr springt.

Im dritten Teil könnt ihr dann ganze Twists springen. Ihr findet „alte“ und „neue“ Twists. Zuerst wird der Reim vorgestellt. Die Worte sind passend zu den Sprüngen in Silben getrennt. Außerdem stehen die Tiernamen der nötigen Sprünge auf dieser Seite.

Zur Hilfestellung gibt es noch Zeichnungen der Sprünge. Kinder, die alle Tierbilder auswendig springen können, sind hier im Vorteil. Aber für den Anfang geht es auch so: Nehmt die Sprungskizzen in die Hand und springt danach.

Die Zeichen

Die Zeichen sollen euch helfen, dass ihr euch bei den Sprüngen besser zurechtfindet. Damit ihr sie gut versteht, habe ich alle Zeichen auf der Seite unten zusammengefasst und erklärt.

1. Das Gummiband ist unterteilt in Band 1 und Band 2. So wisst ihr jederzeit, wo ihr ein- oder ausspringen sollt.
2. Der Punkt auf dem Gummiband zeigt euch, von wo ihr losspringt. Die Pfeile zeigen die Richtung, in die ihr springen sollt.

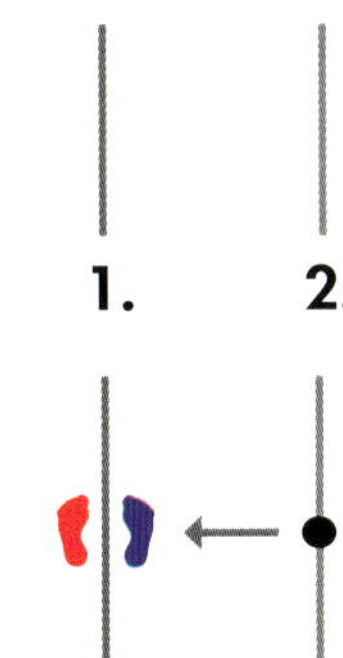

3. Den Start jedes Twists erkennt ihr an der Wellenlinie. Am Ende jedes Twists steht ein Strich.

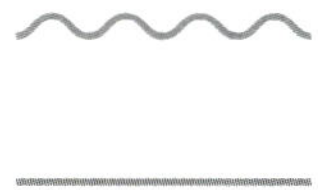

4. Der rechte Fuß hat auf den Zeichnungen die Farbe blau, der linke die Farbe rot. Ein kleiner Tipp: Wenn ihr rechts und links leicht verwechselt, klebt euch ein lustiges Abziehbild auf den Schuh oder macht euch ein Zeichen auf die Hand.

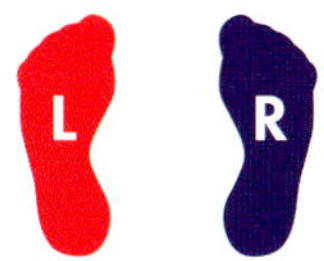

5. Ein Kreis mit einem Pfeil zeigt, dass ihr euch dreht und dann in die andere Richtung schaut. Das kann links- oder rechtsherum sein, wie ihr es lieber möchtet.

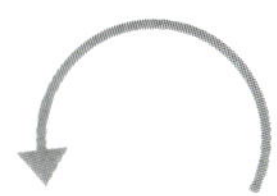

6. Schaut euch die Zeichnungen genau an, denn ihr könnt darauf sehr gut erkennen, ob eure Füße unter oder über dem Gummi stehen.

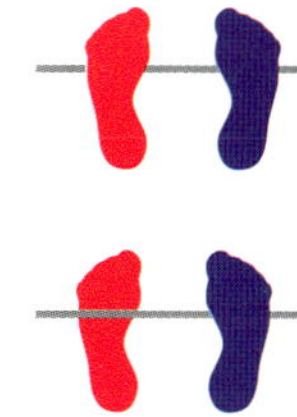

7. Ihr erkennt an den kleinen Bildern, die oben links auf jedem Tiersprung zu sehen sind, um welchen Schwierigkeitsgrad es sich handelt.

Die Farben

Orange steht für Schwierigkeitsgrad I, also leichte Sprünge.

Grün steht für Schwierigkeitsgrad II. Diese Sprünge sind nicht so leicht.

Blau steht für Schwierigkeitsgrad III. Hier müsst ihr schon sehr viel üben.

Das Spiel

Wie ihr Twist skipping spielt

Das englische Wort skipping heißt auf Deutsch springen oder hüpfen. Und genau darum geht es, denn jeder Twist wird gesprungen. Wir unterteilen den Twist in den Fantasietwist und den Silbentwist.

Der Fantasietwist

Ihr sprecht vor dem Spiel ab, welche Schwierigkeitsgrade euer Twist enthält und bis zu welcher Spielhöhe ihr springen wollt. Bei der Spielhöhe solltet ihr euch auf maximal „Viertens“ einigen. „Fünftens“, „Sechstens“ und „Siebtens“ ist eher etwas für ganz einfache Sprünge.

Nun lasst eurer Fantasie freien Lauf, und denkt euch eure eigene Spielfolge aus. Dazu sucht sich jeder einige Tiersprünge aus dem Buch und baut sich seinen eigenen Twist zusammen. Es kann auch für alle Mitspieler der gleiche sein. Nachdem alle wichtigen Dinge besprochen sind, kann der erste Mitspieler mit seinem Twist in der Sprungart „Normal“ beginnen. Wenn er einen Fehler macht, ist der nächste an der Reihe. Wer es geschafft hat, seine Twists bis „Viertens“ zu springen, geht automatisch zur nächsten Sprungart „Hickel“ über und versucht, auch hier seinen Twist durchzubringen. Genauso macht ihr es mit „Schere“, „Pferdetrab“ und „Gehen“. Allerdings werden diese vier Sprungarten nur bis „Drittens“ gesprungen.

Mitspieler, die alle Ziele erreicht haben, springen den Fantasietwist jetzt jeweils einmal in der Spielhöhe „Zweitens“ in „Engpass“, „Breitpass“ und „Wackelpudding“. Wer zuerst seinen Twist bis „Wackelpudding“ geschafft hat, ist Sieger des Fantasietwists.

Der Silbentwist

Nach dem Fantasietwist kommt der Silbentwist. Hierbei springt ihr Twists aus dem dritten Teil eures Springbuchs. Damit ihr es einfacher habt, sind bereits alle Reime in Silben getrennt. Ihr könnt euch auf eine bestimmte Anzahl Silbentwists einigen. Zum Beispiel sucht sich jeder Mitspieler drei Stück davon aus.

Alle Silbentwists werden einmal in der Sprunghöhe „Erstens“ gesprungen. Beim Springen sagt ihr laut den Reim auf. Es kommt nicht nur darauf an, dass ihr fehlerfrei springt, sondern dass ihr den Text fehlerfrei auswendig könnt. Das ist eine zusätzliche, große Herausforderung. Wer auch hier als erstes das Ziel erreicht, hat es geschafft und ist Sieger des Skippinglaufs.

Die Spieltabelle

Wird euch das Spiel zu lange oder müsst ihr es aus Zeitgründen unterbrechen? Wollt ihr das nächste Mal da weitermachen, wo ihr aufgehört habt? Mit einer Tabelle, wie ihr sie auf der letzten Seite des Buchs findet, geht das ganz einfach. Zeichnet euch die Tabelle ab. Wer sich mit dem Computer auskennt, kann sie sich nachbauen (oder nachbauen lassen). Ihr tragt das Datum, euren Namen, sowie die festgesetzte Sprunghöhe darin ein.

Nun notiert ihr auf der linken Seite die Tiersprünge untereinander, die ihr für euren Fantasietwist ausgewählt habt, sowie die Namen der ausgesuchten Silbentwists auf der rechten Seite. In den Kästchen darunter findet ihr die Bezeichnungen für die verschiedenen Sprungarten, sowie die verschiedenen Sprungbreiten.

Ihr braucht nur einen Haken zu machen, wenn ein Spieler den Sprung geschafft hat. In den letzten Kästchen wird der Silbentwist abgehakt, wenn er fehlerfrei gesprungen wurde.

Natürlich müsst ihr nicht nach der Tabelle spielen. Wenn ihr so spielen wollt wie bisher, ist das in Ordnung und wenn ihr euch eigene Silbentwists ausdenken möchtet, umso besser. Das Wichtigste ist, ihr spielt und bewegt euch, seid kreativ und habt viel Spaß dabei.

So jetzt habt ihr aber viel gelesen und habt sicher Lust mit dem Spielen zu beginnen. Dann los! Nehmt euer Springbuch und euren Gummi und fangt an! Ich wünsche euch viel Spaß und viel Erfolg bei euren Sprüngen.

Die Spielhöhen

Twist Skipping wird in verschiedenen Spielhöhen gespielt. So ist das Spiel abwechslungsreicher und interessanter.

Je höher ihr den Gummi spielt, desto größer ist die Herausforderung für euch. Ihr könnt von der Höhe „Erstens“ bis zur Höhe „Siebtens“ Gummitwist spielen.

„Fünftens“, „Sechstens“ und „Siebtens“ ist nur mit ganz einfachen Sprüngen möglich und den Twist Skipping Profis vorbehalten. In der Regel springt ihr eure Twists bis „Viertens“. Die nachfolgenden Erklärungen und die Bilder rechts zeigen euch die Spielhöhen genau an.

Erstens:

Der Gummi liegt über der Ferse am Fußknöchel.

1 2 3

Zweitens:
Der Gummi liegt an der Wade.

Drittens:
Der Gummi liegt in der Kniekehle.

Viertens:
Der Gummi liegt oberhalb des Schenkels unter dem Poansatz.

Fünftens:
Der Gummi liegt über den Hüften.

Sechstens:
Der Gummi liegt unter den Achseln.

Siebtens:
Der Gummi liegt am Hals und wird mit beiden Händen auf die normale Spielbreite auseinander gehalten.

4

5

6

7

Die Sprungbreiten

Damit Twist Skipping noch aufregender wird, dürft ihr nun noch andere Spielbreiten ausprobieren.

Die Spielbreiten reichen von ganz schmal bis ganz breit und sind für euch nachfolgend ganz genau erklärt.

1. *Wäscheleine:* Euer linker Fuß steht im Gummiende und der rechte Fuß holt sich den Gummi auf die rechte Seite. Mit dieser „ dünnen Schnur“ können nur wenige Twists gespielt werden.
2. *Pferdefuß:* Es steht jeweils ein Fuß im Gummiende. Auch hier ist es nicht einfach, einen Twist zu spielen.
3. *Engpass:* Ihr steht mit beiden Beinen im Gummi aber haltet eure Füße geschlossen.

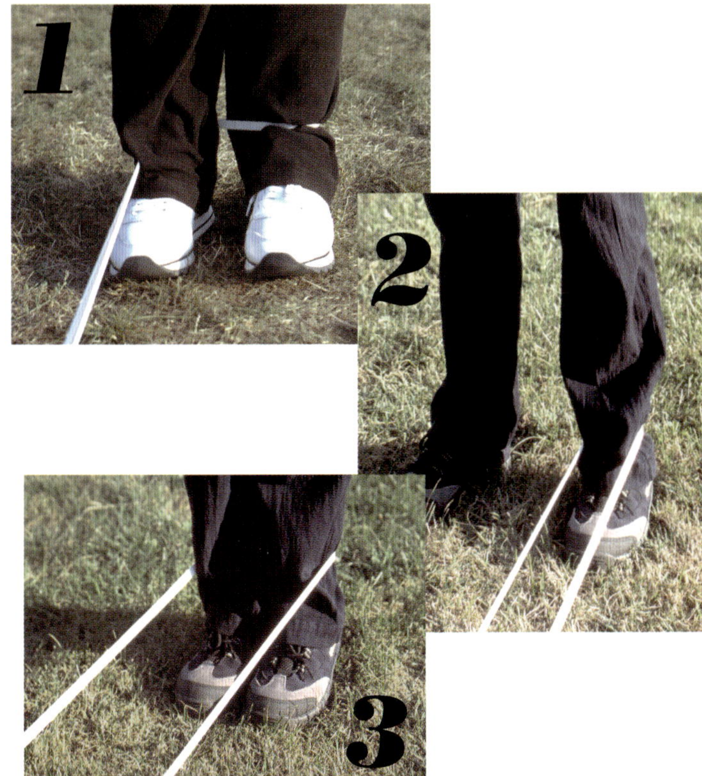

4. *Normal:* Die Füße stehen jeweils in den Gummienden so weit auseinander, dass ihr bequem darin stehen könnt. Normal ist die wichtigste Sprungbreite im Gummitwist.

5. *Breitpass:* Hier stehen beide Füße in den Gummienden und werden so weit auseinander gestellt, wie ihr es schafft.

6. *Wackelpudding:* Bei Wackelpudding versuchen eure Mitspieler, die in den Gummienden stehen, den Gummi so „wackelig“ wie möglich zu machen. Ihr werdet euch jetzt fragen: Wie wird ein Gummi „wackelig“? Ganz einfach: Eure Mitspieler bewegen dazu ihre Beine ständig hin und her, um euch daran zu hindern, euren Twist zu springen. Das ist für euch keine leichte Sache, aber es macht riesigen Spaß.

Die Sprungarten

Nun wird das Spiel erst richtig spannend, denn jetzt kommen noch die verschiedenen Sprungarten hinzu. Sie werden im folgenden Abschnitt erklärt.

1. *Normal:* Hier springt ihr mit beiden Füßen gleichzeitig auf den Boden. „Normal“ ist die gängigste und wichtigste Sprungart.
2. *Hickel:* Bei „Hickel“ springt ihr euren Twist mit nur einem Bein. Ausnahme: Beim Schmetterlingsprung kommen beide Füße nur kurz beim“ Flügelschlag“ der Figur auf den Boden, um sofort wieder in Hickel überzugehen.
3. *Schere:* Bei dieser Sprungart springt ihr mit überkreuzten Beinen eure Twists. Das sieht sehr lustig aus, wenn eure

Beine so verknotet dastehen, wie das bei einer falschherum aufgeklappten Schere der Fall ist.

4. *Pferdetrab:* Beim „Pferdetrab“ wird es sehr sportlich. Versucht nun die Gangart eines Pferdes im Trab nachzumachen. Dabei müsst ihr euch schon ein bisschen anstrengen und die Knie beim Springen so hoch wie möglich nehmen.

5. *Gehen:* Eine kleine Erholung tut euch zwischendurch bestimmt gut. „Gehen“ ist die einzige Ausnahme beim Twist Skipping. Hier wird nicht gesprungen, sondern wie das Wort schon sagt, gegangen. Ihr dürft hierbei langsam und elegant euren Twist abgehen.

Die Eule

Wer hatte schon einmal das Glück, eine Eule nachts fliegen zu sehen oder ihren schrillen Schrei zu hören?

Eulen sind nachtaktive Vögel. Sie brauchen ihre großen Augen, um in der Dunkelheit auf die Jagd gehen zu können.

Eure beiden Füße stehen bei diesem Sprung in der Mitte des Gummis. Sie erinnern an die schönen großen Augen einer Eule.

Der Sprung wird als Ein- und Aussprung verwendet und ist ein wichtiger Kombinationssprung während eines Twists.

Der Hund

Viele von euch haben vielleicht einen Hund, und ihr habt bemerkt, dass er ein toller Freund und Spielkamerad ist. Wenn ihr euch umschaut, werdet ihr sehen, dass es kein anderes Haustier in so vielen verschiedenen Rassen, Größen, Formen und Haararten gibt. Und ihr habt bestimmt schon von seinen vielen Aufgaben und Fähigkeiten gehört. Sie reichen vom Rettungshund bis hin zum Zirkushund.

Bei diesem Sprung befindet sich ein Gummiband zwischen euren Beinen. Weil es eines von beiden Bändern sein kann, das rechte oder das linke, heißt der Sprung „rechter Hund“ und „linker Hund“.

Er ist ein wichtiger Kombinationssprung und wird als Ein- und Aussprung verwendet.

Das Pferd

Wer von euch hatte schon einmal das Glück und durfte auf einem Pferd reiten? Ein schönes Gefühl – nicht wahr? Besonders in den letzten Jahrhunderten war seine Hilfe für uns Menschen extrem wichtig. Seine Ausdauer und Stärke haben uns geholfen, bevor es Maschinen und Autos gab. Heute nutzen wir in unserem Land Pferde eher als Freizeit- und Sportkameraden.

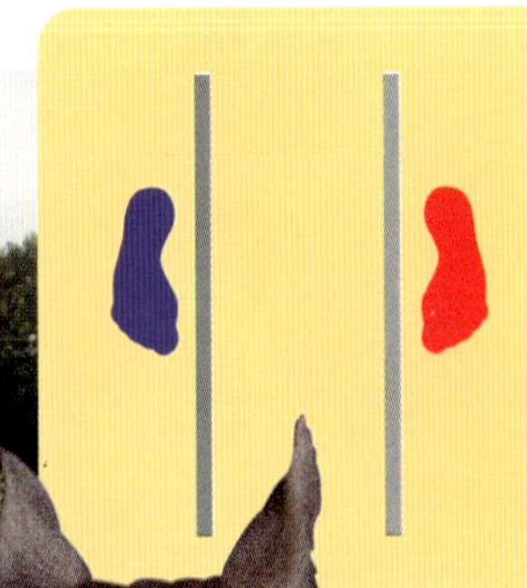

Beim Pferdesprung nehmt ihr beide Gummis zwischen eure Beine. Die Füße stehen also links und rechts der Gummis. Beim Breitpass müsst ihr eure Beine ganz schön spreizen. Genauso, wie wenn ihr auf dem Rücken eines Pferdes sitzen würdet.

Dieser Sprung kann als Ein- oder Aussprung und auch während eines Twists verwendet werden.

Der Schmetterling

Stellt euch einen bunten Schmetterling vor! Wer von euch hat nicht schon seine herrlichen Farben bewundert. An seinen sanften Flügelschlag soll dieser Sprung erinnern.

Er lässt sich mühelos als schöne Abwechslung in einen Twist einbauen. Ausgangsposition ist die Eule. Ihr steht mit beiden Füßen in der Mitte des Gummis.

Jetzt springt ihr hoch und macht dabei wie ein Hampelmann die Beine auf und zu. Am Schluss des Sprungs steht ihr wieder in der Ausgangsposition.

Noch eine Hilfe: Ihr könnt diesen Sprung leicht nachvollziehen, wenn ihr an das Öffnen und Schließen einer Schere denkt.

Der Hirsch

Habt ihr schon einmal in freier Wildbahn oder in einem Tierpark einen Hirsch gesehen? Oder seinen Schrei im Herbst gehört? Mit seinem mächtigen Geweih und seiner Größe ist er ohne Frage der König der Tiere in unseren Wäldern.

Nach ihm wurde ein ganz besonderer Sprung benannt – der klassische Aussprung. Er steht in vielen Fällen am Ende eines Twists.

Ausgangsposition für diesen Sprung ist das Pferd, beide Füße stehen rechts und links des Gummis. Jetzt dreht ihr euch nach rechts (oder nach links), so dass der Gummi an dem einen Fuß vorne und an dem anderen Fuß hinten vorbei läuft. Für den Aussprung braucht ihr Geschick, denn ihr dürft nicht hängen bleiben.

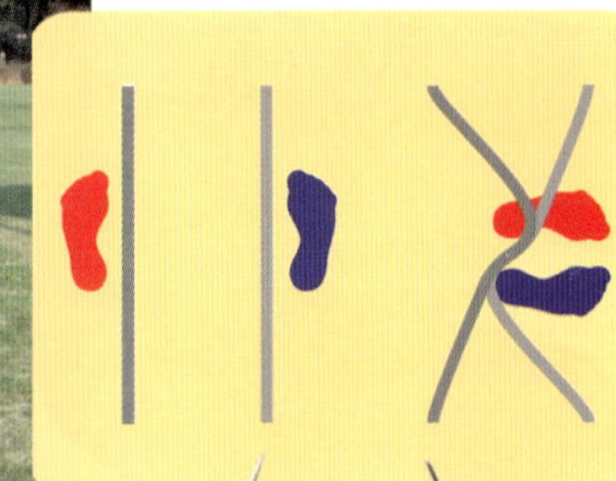

Henne und Hahn

Ihr kennt doch alle die wichtige Aufgabe der Henne – sie liefert uns täglich frische Eier. Aber kennt ihr auch die Aufgaben des Hahnes? Ganz einfach, er ist der stolze Vater von vielen Küken, die er mit seinen Hennen mutig verteidigt und er erinnert uns jeden Morgen mit seinem Krähen daran, dass es Zeit zum Aufstehen ist. Hühner sind Laufvögel und scharren gern in der Erde nach Futter.

Die Fußstellung dieser beiden Sprünge soll daran erinnern. In der Ausgangsposition steht ihr vor dem Gummi. Beim Hahnensprung springt der linke Fuß auf den Gummi. Der rechte Fuß bleibt vor dem Gummi. Beim Hennensprung ist es genau umgekehrt: Der rechte Fuß springt auf den Gummi und der linke Fuß bleibt davor.

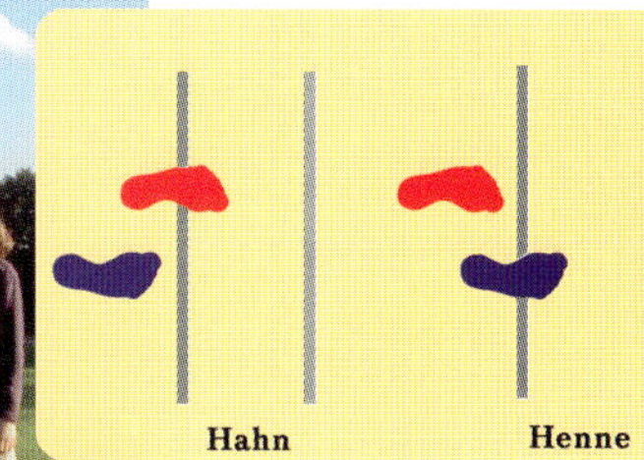

Die Schlange

Wart ihr schon einmal im Zoo? Dann habt ihr bestimmt auch die Schlangen gesehen. Sie wohnen dort in einem Terrarium. Vielleicht konntet ihr beobachten, wie faszinierend sich diese Tiere fortbewegen. Ihr Schlängeln ermöglicht es ihnen, schnell große Strecken zurückzulegen und sogar auf Bäume zu klettern.

Diese Sprungkombination gleicht dem Schlängeln, denn ihr springt im Zick-Zack drei- oder fünfmal hin und her. Bei jedem Sprung hüpft ihr ein Stückchen weiter nach vorne oder nach hinten und nehmt dabei einmal den linken und dann den rechten Gummi zwischen eure Beine.

Der Sprung ist als Ein- oder Aussprung gedacht. Oder aber ihr springt ihn während eines Twists als lustige Abwechslung.

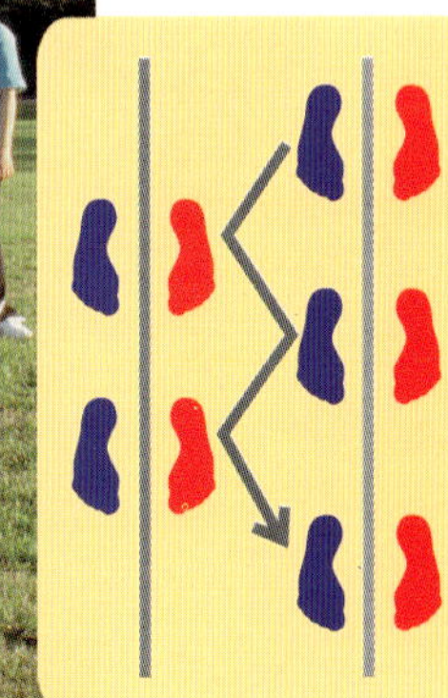

Der Frosch

Habt ihr schon einmal einen Frosch springen oder schwimmen sehen? Ihr ward bestimmt erstaunt, wie exzellent er das beherrscht. Außerdem ist es immer wieder schön zu hören, wie Frösche in einem Tümpel oder See quaken. Die Bewegung des zurückschnellenden Gummibandes hat mich immer an einen quakenden Frosch erinnert.

Bei dem Frosch steht ihr vor dem Gummiband. Ein Fuß holt jetzt das hintere Band, indem er es unter dem vorderen hindurch zieht. Dann stellt ihr euch mit beiden Füßen auf das Band. Jetzt verlagert ihr das Gewicht auf die Ferse. Das Gummiband schnellt zurück in die Ausgangsposition.

Der letzte Teil des Sprungs kann auch als Fortsetzung des Kängurus oder Seehunds gesprungen werden.

Der Delfin

Wisst ihr, dass die klugen, lustigen Meeressäuger, die immer zu Streichen aufgelegt sind, nicht nur gewaltige Sprünge machen, sondern auch lange aufrecht im Wasser stehen können? Dabei bewegen sie sich nach hinten.

Genau das ist die Grundidee des Sprungs. Ihr könnt ein bis drei Sprünge vor- oder rückwärts bei allen Gelegenheiten des Gummitwists einsetzen.

Den Delfin könnt ihr mit beiden Gummis zwischen euren Füßen, in der Mitte zwischen den beiden Gummis oder mit einem Gummi zwischen den Füßen springen.

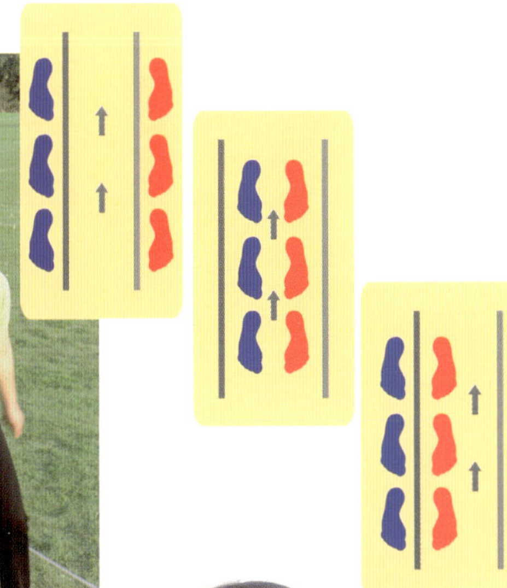

Der Floh

Als Haustier haben wir den Floh sicherlich nicht so gern, denn der kleine Kerl zählt zu den blutrünstigen Tieren: Er ernährt sich ausschließlich vom Blut der Menschen und Tiere.

Trotzdem ist er ein faszinierendes Tier und gemessen an seiner Körpergröße der beste Springer der Welt – sowohl im Hoch- als auch im Weitsprung.

Der Flohsprung heißt zu Recht so. Schließlich müsst ihr mit einem Satz über beide Gummis springen. Ab einer gewissen Höhe braucht ihr da schon Flohqualitäten.

Die Katze

Die Katze hat ein samtweiches Fell. Wenn ihr sie schnurren hört, dann wisst ihr, dass sie sich wohlfühlt. Ihre Sprungkraft ist hervorragend und ihre Krallen helfen ihr dabei, sich gut festzuhalten. Also haltet beim Katzensprung den Gummi mit den Füßen gut fest.

In der Ausgangsposition steht ihr vor einem der Gummis und springt dann mit beiden Füßen darauf. Die Besonderheit des Sprungs liegt darin, das ihr ihn auch rückwärts springen könnt. Wenn ihr das versucht werdet ihr schnell merken: Einfach ist das nicht.

Der Katzensprung kann auch als Ein- oder Aussprung verwendet werden.

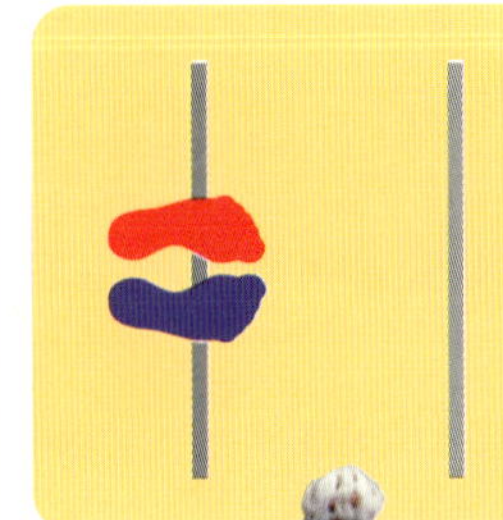

Der Strauß

Ihr wisst bestimmt, dass der Strauß aus Afrika kommt. Er ist der größte heute lebende Vogel. Auch er gehört wie die Hühner zu den Laufvögeln, hat aber nur zwei Fußzehen. Seine schönen Schmuckfedern sind gesuchte Modeartikel.

Der Sprung ist ähnlich wie der Henne-und-Hahn-Sprung. In der Ausgangsposition steht ihr mit beiden Füßen vor dem Gummi.

Der Straußenhahn springt mit dem linken Fuß auf den Gummi und mit dem rechten Fuß unter den Gummi.

Die Straußenhenne springt mit dem rechten Fuß auf den Gummi und mit dem linken Fuß unter den Gummi.

Passt auf, dass der eine Fuß es immer rechtzeitig schafft, unter den Gummi zu springen.

Das Reh

Frühmorgens oder abends in der Dämmerung könnt ihr die scheuen Rehe am besten beobachten. Meistens äsen sie dann in kleinen Gruppen friedlich am Waldrand oder auf einem Feld. Rehe überspringen im Wald ganz geschickt Hindernisse wie umgefallene Bäume oder Äste.

Ähnlich springt ihr beim Rehsprung. Beide Beine stehen in der Ausgangsposition vor dem ersten Gummi. Dann springt ihr darüber und nehmt den zweiten Gummi „in die Zange“.

Das heißt, ihr springt so, dass ein Bein vor und das andere hinter dem zweiten Gummi zum Stehen kommt. Es kann wahlweise das rechte oder das linke Bein sein.

Der Hase

Wenn ihr gesehen habt, wie ein Hase rennt, wisst ihr, dass er ein flinker Läufer ist. Er schüttelt seine Feinde – zum Beispiel den Fuchs – besonders durch das Haken schlagen und die hohen und weiten Sprünge ab.

Dieser Sprung heißt Hasensprung, da er dem großen Hüpfer eines Hasen gleicht.

Dazu steht ihr in der Ausgangsposition mit beiden Füßen unter dem ersten Gummi. Beim Springen nehmt ihr den ersten Gummi mit den Füßen mit und springt auf den zweiten.

Der Hasensprung ist ein Ein- und Aussprung. Er lässt sich aber auch während eines Twists als Sprung einbauen.

Das Känguru

Das Känguru – ihr wisst es wahrscheinlich – hat seine Heimat in Australien. Es gehört zur Gattung der Beuteltiere. Das heißt, es trägt seine Babys in seinem Beutel mit sich, bis sie alt genug sind.

Das Känguru kann enorm weite Sprünge machen und benutzt dazu seinen Schwanz als Steuerruder.

Beim Kängurusprung stehen die Füße zu Beginn unter dem ersten Gummi. Ihr springt nun über den zweiten Gummi und nehmt dabei mit den Füßen den ersten Gummi mit. Der Sprung ist ähnlich wie der Hasensprung: nur weiter und höher.

Dieser Sprung kann als Ein- oder Aussprung, sowie als Kombinationssprung gewählt werden.

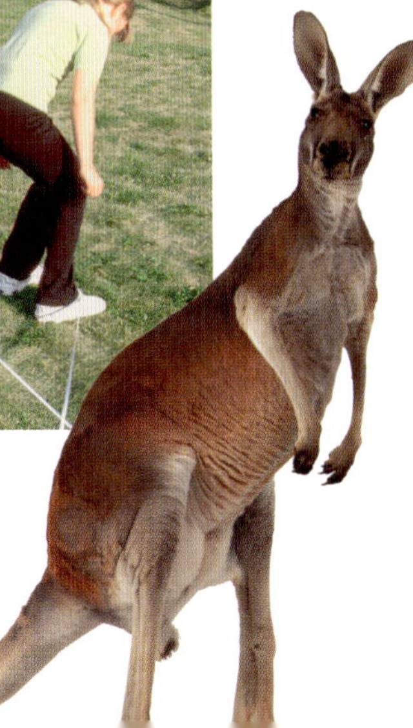

Der Seehund

Wer von euch hat Seehunde schon einmal im Zirkus gesehen? Erinnert ihr euch an ihre röhrenden Laute? Die geben sie von sich, wenn sie zur Belohnung einen Fisch haben wollen.

Seehunde sind verspielt und lustig – richtige Clowns unter den Tieren. Deshalb ist der Seehundsprung ein eher verspielter Sprung.

Ausgangsposition ist der Hund. Von hier aus springt ihr seitwärts über den zweiten Gummi und nehmt den ersten mit euren Füßen mit. Oder ihr steht seitlich neben dem ersten Gummi und nehmt ihn beim Sprung über den zweiten Gummi mit euren Füßen mit.

Ein guter Folgesprung ist in der Regel der Frosch, aber auch viele andere Sprünge sind möglich.

Die Ziege

Es gibt viele Ziegenrassen von der Zwergziege bis zur Milchziege. Als Haustier lebt die Ziege bei uns Menschen in allen Erdteilen. In vielen Tierparks könnt ihr die kleinen Zicklein bei ihren lustigen Bocksprüngen beobachten. Es ist erstaunlich wie geschickt Ziegen springen können.

Beim Ziegensprung stehen die Füße in der Ausgangsposition „Hund“. Ihr springt und dreht euch so, dass ihr in die entgegengesetzte Richtung schaut; wahlweise rechts- oder linksherum. Beim Springen nehmt ihr den Gummi mit. Am Ende des ersten Teils dieses Sprungs läuft der Gummi vor dem einen und hinter dem anderen Fuß vorbei. Der zweite Teil ist der Aussprung.

Es ist nicht ganz einfach euren Twist jetzt aus dieser Stellung fortzuführen.

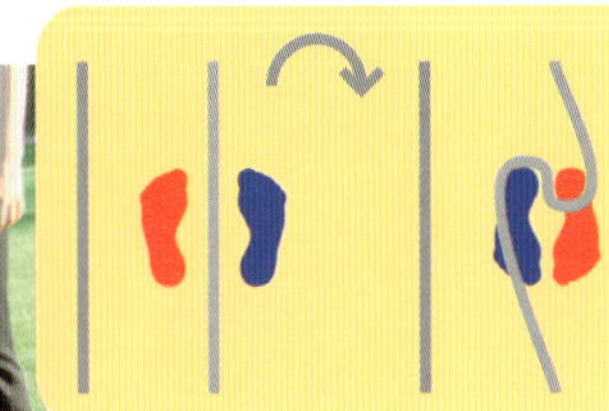

Die Gazelle

Gazellen heißen auch Springantilopen. Ihr Leben in den Wüsten Afrikas und Asiens ist sehr gefährlich. Wenn wieder einmal eine Raubkatze auf Beutesuche ist, verdanken sie ihr Leben oft nur ihren flinken und hohen Sprüngen.

Der Gazellensprung gleicht dem Sprung der Ziege, nur wird hier mit beiden Gummis gesprungen.

Die Ausgangsposition ist das Pferd. Im Springen dreht ihr euch in die entgegengesetzte Richtung – wahlweise rechts- oder linksherum – und nehmt dabei beide Gummis mit. Wenn das alles gut geklappt hat, laufen die Gummis vor dem einen Fuß und hinter dem anderen Fuß vorbei.

Die Schwierigkeit ist es nun, aus dieser Position den Twist fortzusetzen.

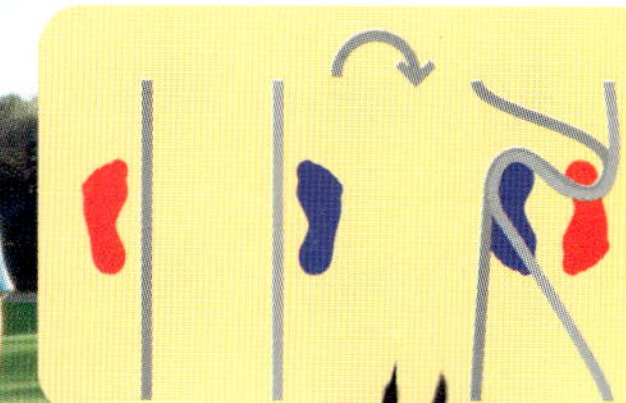

Der Tiger

Wie ihr bestimmt schon im Zoo gesehen habt, kann der Tiger trotz seiner Größe und seines Gewichts hervorragend springen. Daran merkt ihr deutlich, dass er zur Gattung der Katzen gehört. Mich erinnert sein gestreiftes Fell immer an das gestreifte Fell einer Hauskatze. Und wie geht es euch?

Der Tigersprung gleicht im Prinzip dem Katzensprung. Nur müsst ihr beim Tigersprung einen kraftvolleren und weiteren Sprung wagen. Ihr stellt euch mit den Füßen vor den ersten Gummi, springt über diesen hinweg und landet mit beiden Füßen direkt auf dem zweiten Gummi. Auch der Tigersprung kann rückwärts gesprungen werden – was sich als nicht so leicht erweist.

Er kann als Ein- oder Aussprung sowie als Kombinationssprung angewandt werden.

Der Leopard

Er sieht gefährlich aus mit seinen leuchtenden Augen. Findet ihr nicht? Doch das vergisst man leicht, wenn man diese wunderschönen Tiere bei ihren kunstvollen und leichtfüßigen Sprüngen beobachtet.

Obwohl es im ersten Moment so aussieht als wäre es ein leichter Sprung: Ihr werdet aber schnell merken, dass er nicht so einfach ist. In der Ausgangsposition steht ihr seitlich neben dem Gummi. Jetzt springt ihr so, dass ihr zur gleichen Zeit mit dem einen Fuß auf dem einen und mit dem anderen auf dem zweiten Gummi landet.

Ihr könnt den Leopardensprung als Kombinationssprung sowie als Ein- oder Aussprung verwenden.

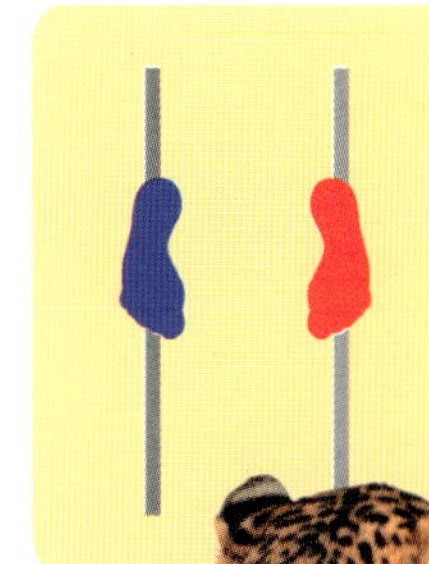

Der Bär

Habt ihr im Zirkus schon einmal einen dressierten Bären gesehen? Sie werden auch Tanzbären genannt. Der Bär stellt sich auf Befehl des Dompteurs auf die Hinterbeine und dreht sich im Kreis. Das macht er auch in der freien Wildbahn so, um sein Revier besser überschauen zu können.

Einen Bärensprung solltet ihr einmal versuchen. Ihr könnt ihn aus der Position des Pferdes oder des Hundes springen. Die Schwierigkeit dieses Sprungs besteht in der Drehung. Am Schluss des Sprungs schaut ihr nämlich genau in die andere Richtung als zuvor. Ihr könnt wahlweise rechts- oder linksherum springen.

Er kann als Ein- oder Aussprung oder als Kombinationssprung benutzt werden.

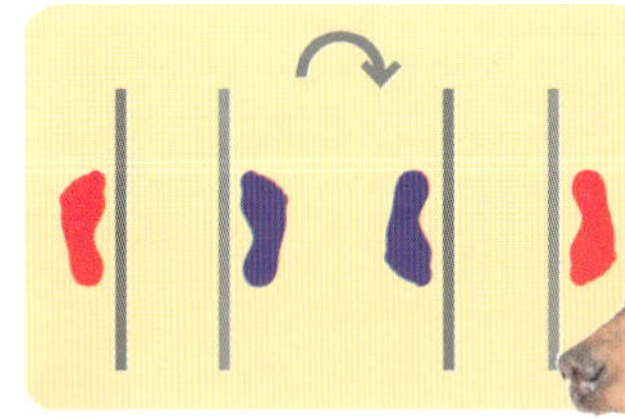

Der Affe

Wer von euch schon einmal Affen beim Spielen beobachten konnte, weiß es: Sie beherrschen die kunstvollsten und schwierigsten Sprünge. Es sieht immer sehr lustig und spielerisch aus, und es scheint ihnen einen Heidenspaß zu machen, wenn sie springen.

Der Affensprung ist nicht so leicht, denn – ähnlich wie beim Leopardensprung – müsst ihr mit beiden Füßen gleichzeitig auf beide Gummis springen. Nur steht ihr diesmal in der Ausgangsposition vor dem Gummi.

Es gibt den linken Affen. Hier müsst ihr mit dem linken Fuß auf den vorderen und mit dem rechten Fuß auf den hinteren Gummi springen.

Beim rechten Affen springt der rechte Fuß auf den vorderen und der linke Fuß auf den hinteren Gummi.

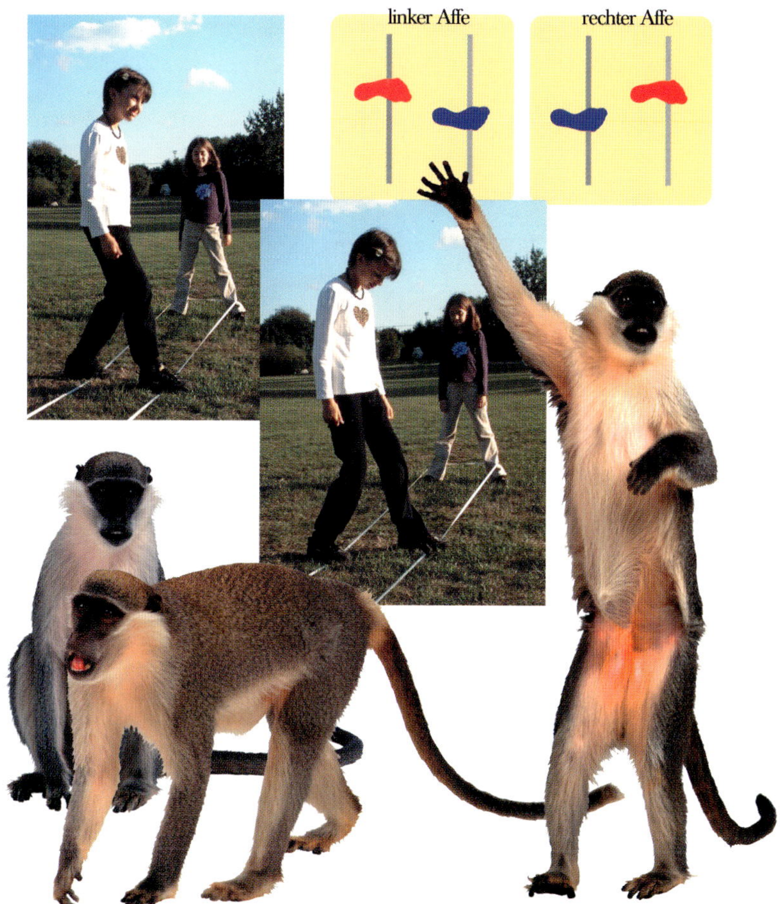

Der Twist-Sprung

Start → Komm – spring – mit – mir

den – Gum – mi – twist

den – zeig – ich – Dir. → Aus

Die Sprünge mit den Tierbildern sind:

0 Einsprung links
1 Eule
2 Pferd
3 Eule
4 Pferd
5 Eule
6 Schmetterling Teil I
7 Schmetterling Teil II
8 Schmetterling Teil I
9 Schmetterling Teil II
10 rechter Hund
11 linker Hund
12 Aussprung rechts

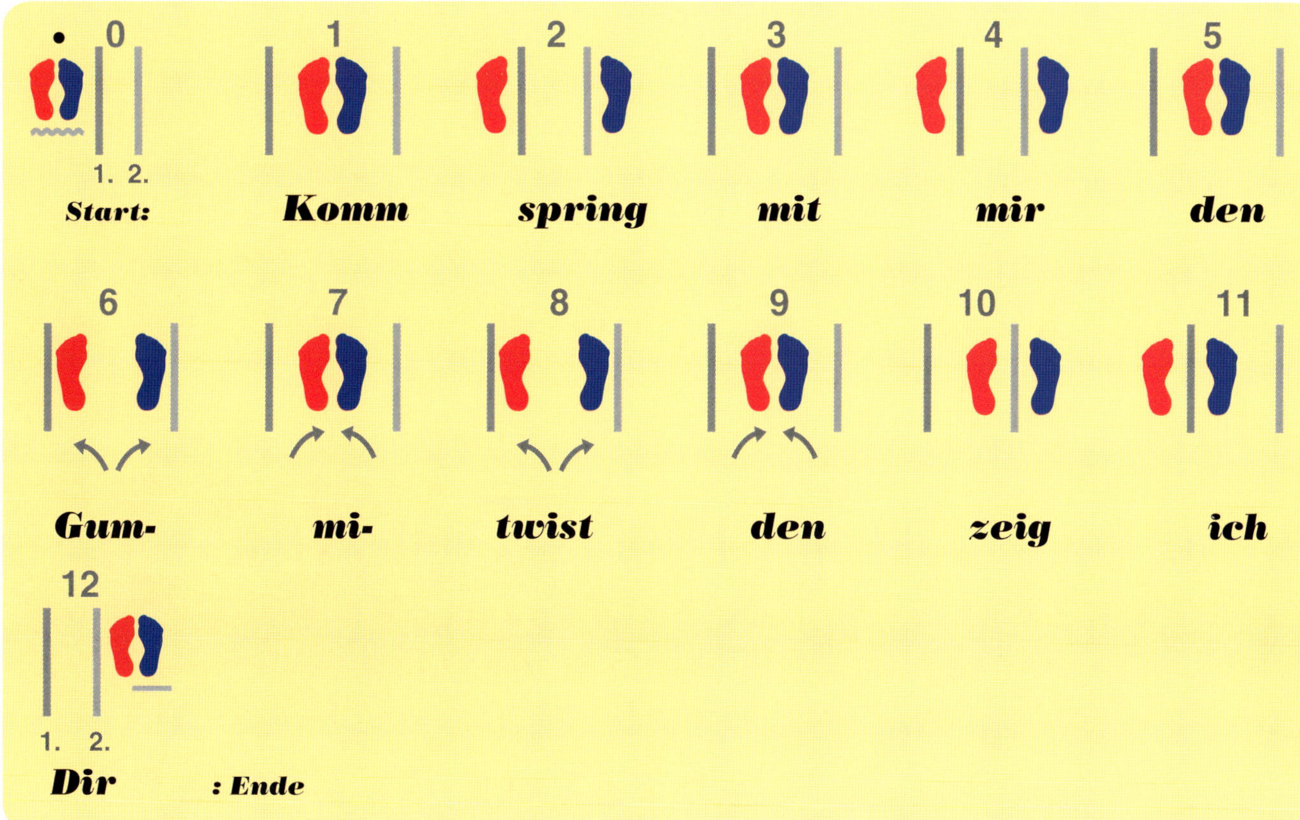
0
1. 2.
Start:
1
Komm
2
spring
3
mit
4
mir
5
den
6
Gum-
7
mi-
8
twist
9
den
10
zeig
11
ich
12
1. 2.
Dir
: Ende

Tante Kitty

Tan – te – Kit – ty

aus – Hai – ti

Die Sprünge mit den Tierbildern sind:

0	Einsprung Füße unter Gummi		
1	Hase	5	Tiger
2	Katze	6	Katze rückwärts
3	Katze rückwärts	7	Katze
4	Aussprung	8	Aussprung

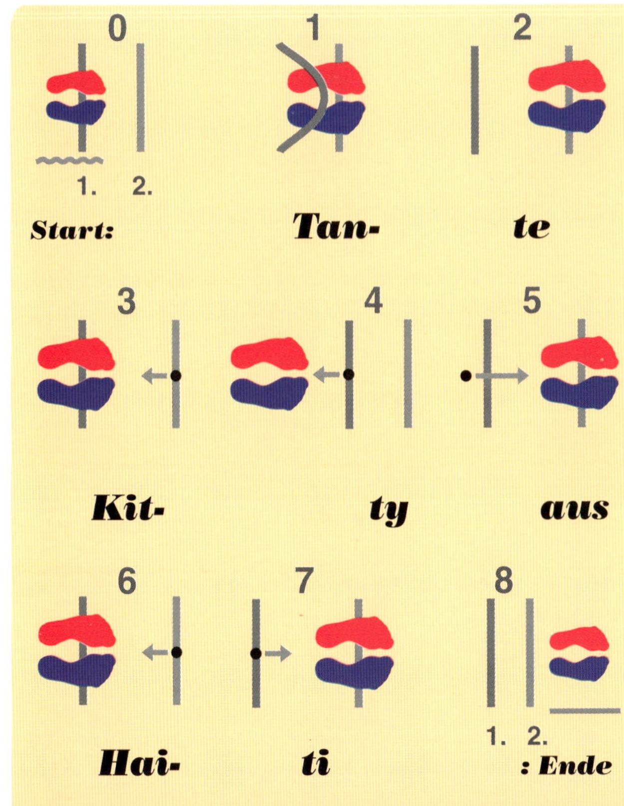

Tante Wanda

Tan – te – Wan – da

aus – U – gan – da

Die Sprünge mit den Tierbildern sind:

0	Einsprung	5	rechter Hund
1	Pferd	6	Seehund von Gummi 2 aus
2	Tanzbär	7	linker Hund
3	Tanzbär	8	Aussprung
4	Tanzbär		

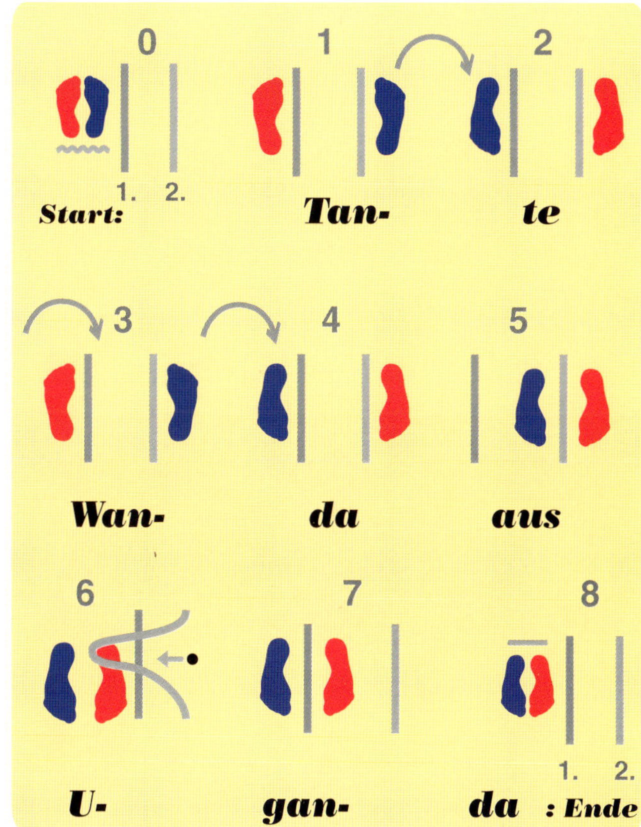

Tante Jutta

Tan – te – Jut – ta

Start

aus – Kal – kut – ta

Aus

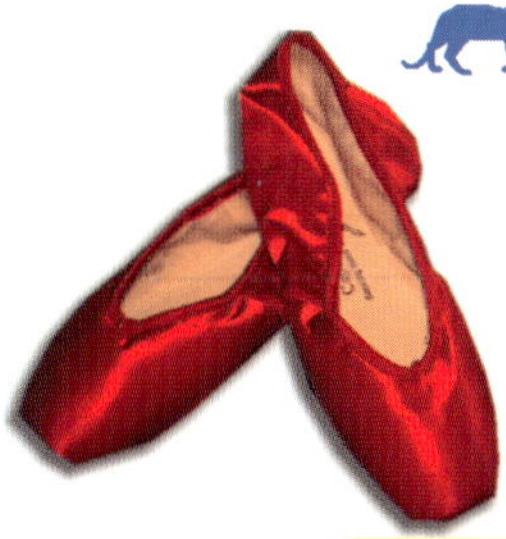

Die Sprünge mit den Tierbildern sind:

0	Einsprung	5	Leopard
1	Floh	6	Eule
2	Floh	7	Leopard
3	Floh	8	Aussprung
4	Eule		

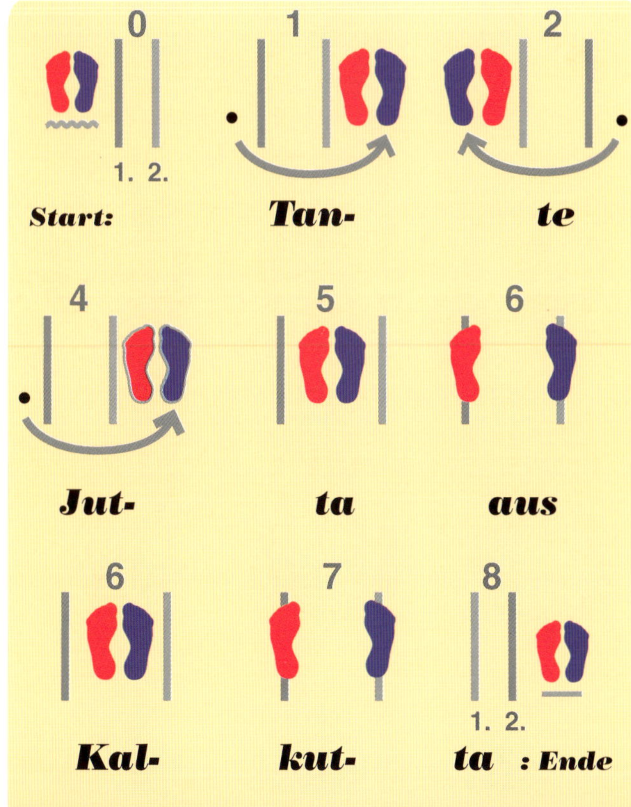

Die Maus

Start → Die – Maus– im– Haus

will – nicht– mehr – raus → Aus

Die Sprünge mit den Tierbildern sind:

0	Einsprung
1	Eule
2	Pferd
3	linker Hund
4	rechter Hund
5	Eule
6	Pferd
7	Hirsch
8	Aussprung

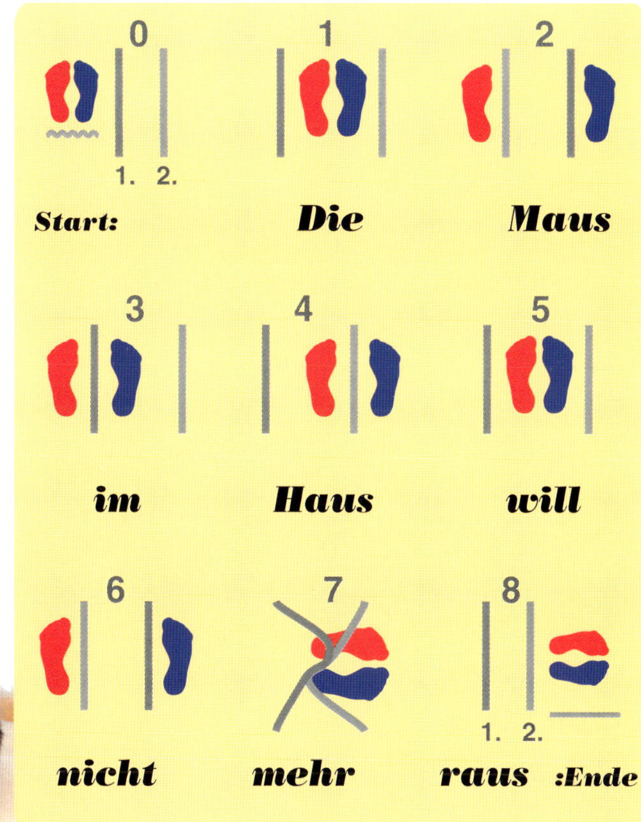

Aschenputtel

Start →

Die – gu – ten – ins

Töpf – chen

die – schlech– ten

ins – Kröpf – chen

← Aus   Aus →

Die Sprünge mit den Tierbildern sind:

0	Einsprung
1	Henne
2	Hahn
3	Henne
4	Straußenhenne
5	Straußenhahn
6	Straußenhenne
7	rechter Affe
8	linker Affe
9	rechter Affe
10	Aussprung links rückwärts
11	Reh
12	Aussprung rechts

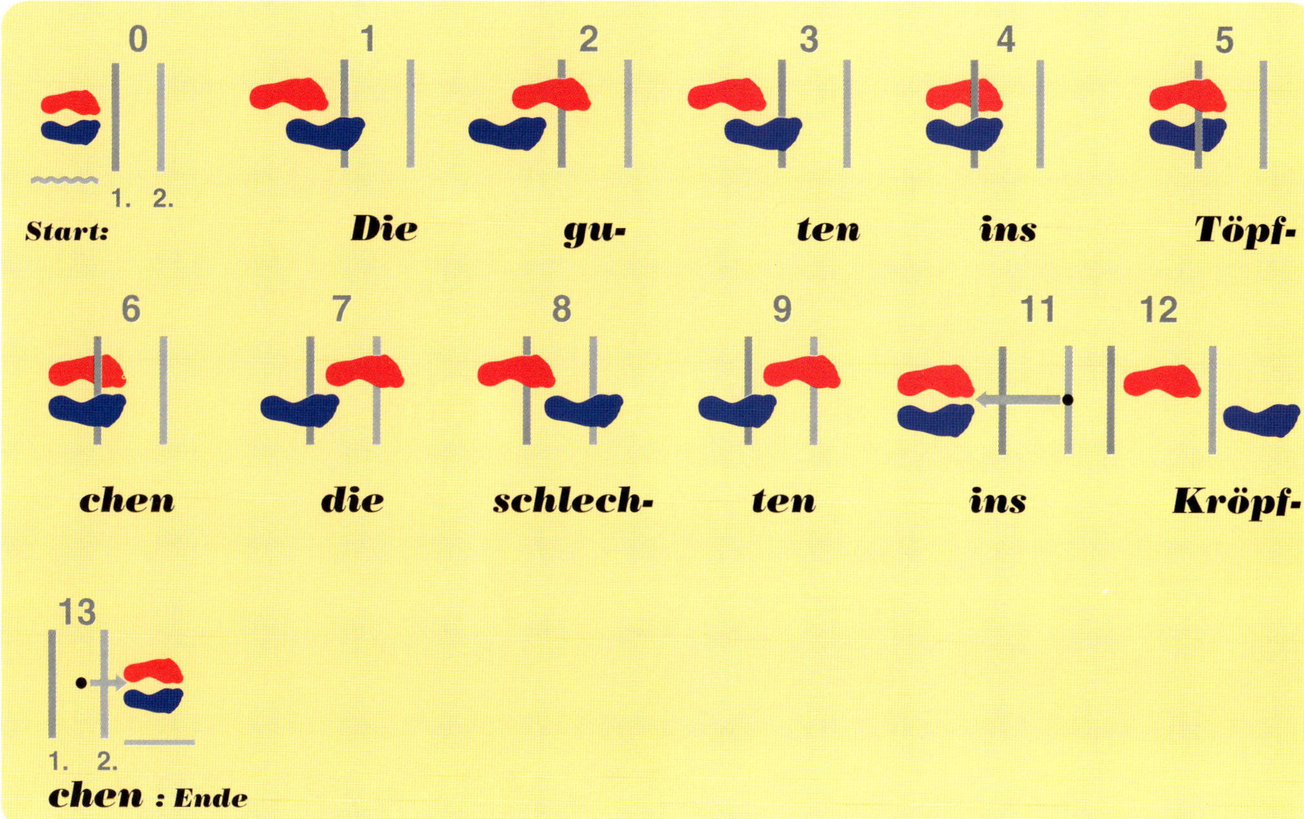
0
1. 2.
Start:
1
Die
2
gu-
3
ten
4
ins
5
Töpf-
6
chen
7
die
8
schlech-
9
ten
11
ins
12
Kröpf-
13
1. 2.
chen : Ende

Heile, heile Segen

Heile – heile – Se – gen

Start

drei – Tage – Regen

drei – Tage – Sonnen-

schein – bald – wird es

vorüber – sein

Aus

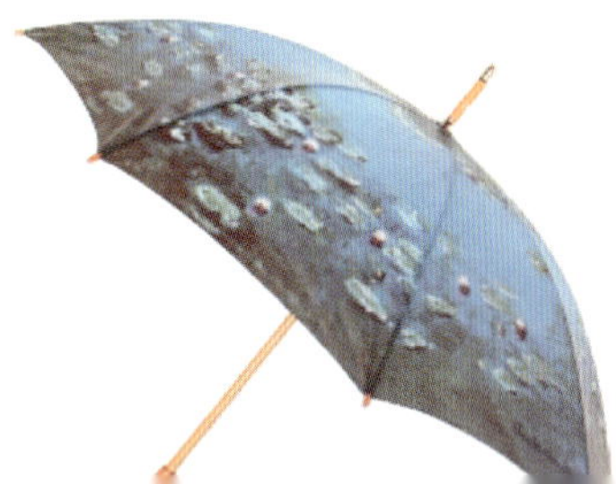

Die Sprünge der Tierbilder lauten:

0	Links Einsprung
1-5	Schlange (5 Sprünge)
6+7	Zwei Delfinsprünge (dreht euch einmal)
8-10	Schlange (3 Sprünge) (dreht euch einmal)
11-13	Schlange (3 Sprünge)
14	Eule
15	Aussprung rechts

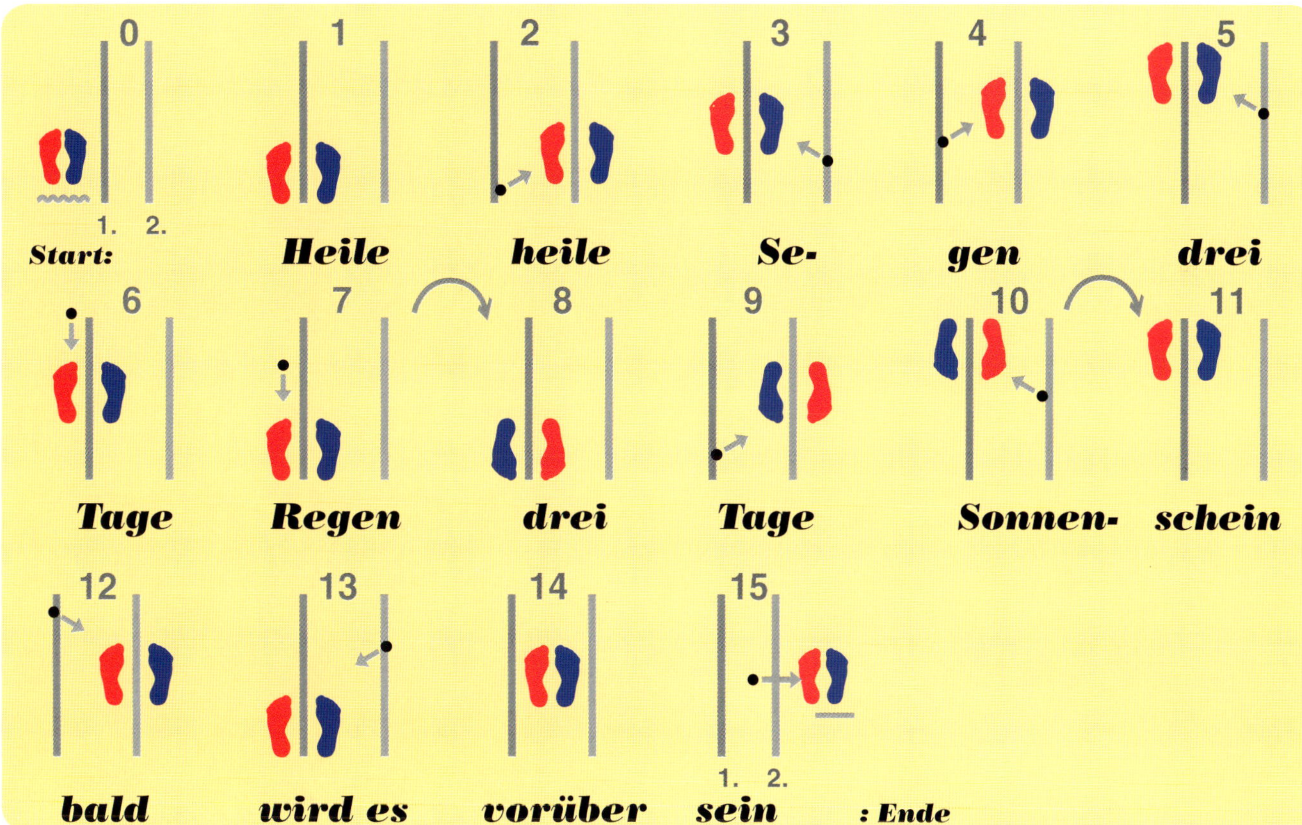
0
1
2
3
4
5
1.
2.
Start:
Heile
heile
Se-
gen
drei
6
7
8
9
10
11
Tage
Regen
drei
Tage
Sonnen-
schein
12
13
14
15
1.
2.
bald
wird es
vorüber
sein
: Ende

Start →

Ach – wie – gut – dass

nie – mand – weiß

dass – ich– Rum – pel

stilz– chen– heiß

→ Aus

Die Sprünge mit den Tierbildern sind:

0	Einsprung links, beide Füße unter den Gummi stellen
1	Känguru
2	Frosch
3	Beide Füße rechts unter den Gummi stellen
4	Känguru
5	Frosch
6	Beide Füße links unter den Gummi stellen
7	Känguru
8	Frosch
9	Beide Füße rechts unter den Gummi stellen
10	Känguru
11	Frosch
12	Beide Füße links unter den Gummi stellen
13	Känguru
14	Frosch
15	Beide Füße rechts unter den Gummi stellen
16	Känguru
17	Frosch
18	Beide Füße links unter den Gummi stellen
19	Känguru
20	Aussprung Frosch

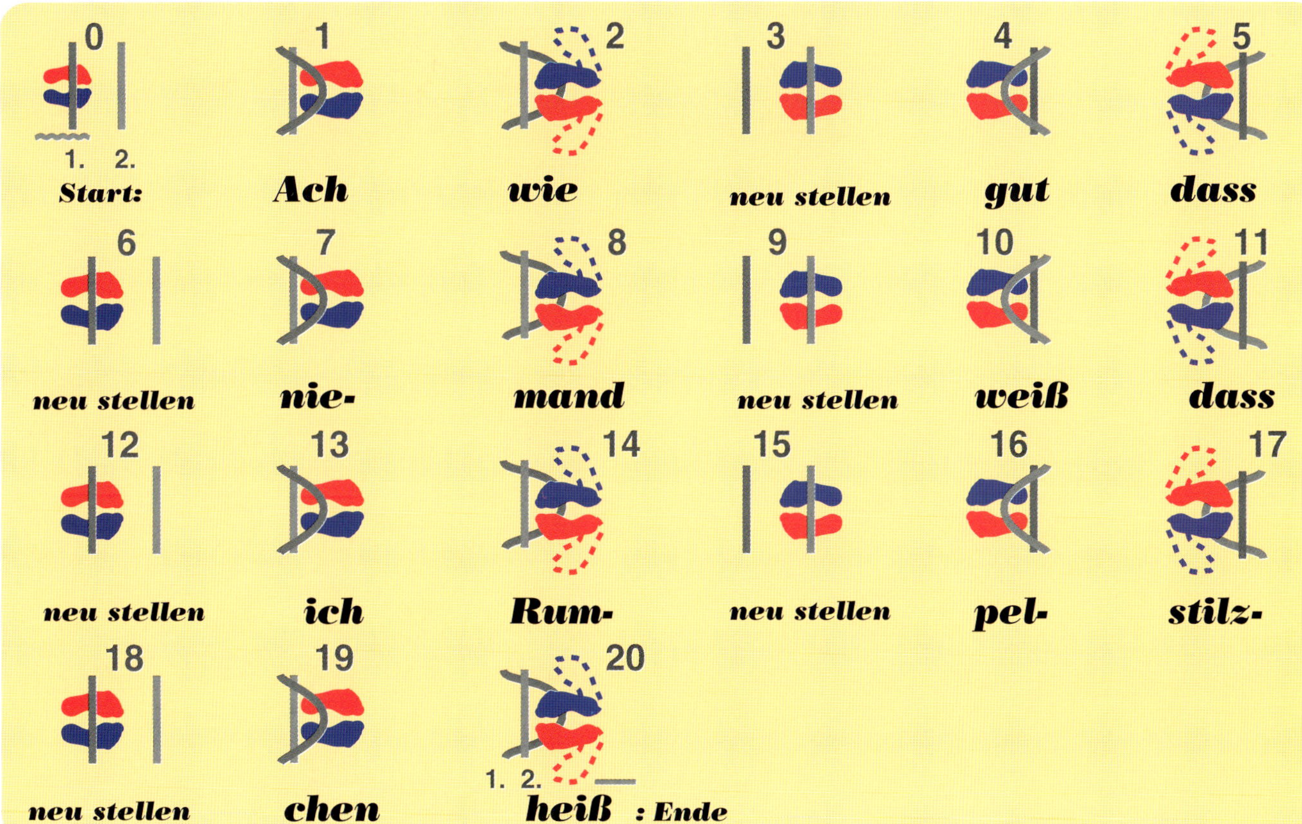
0
1. 2.
Start:
1
Ach
2
wie
3
neu stellen
4
gut
5
dass
6
neu stellen
7
nie-
8
mand
9
neu stellen
10
weiß
11
dass
12
neu stellen
13
ich
14
Rum-
15
neu stellen
16
pel-
17
stilz-
18
neu stellen
19
chen
20
1. 2.
heiß : Ende

Bim Bam

Start →

Bim– bam – bom – mel

die – Kat – ze – schlägt

die– Trom– mel

→ Aus

Die Sprünge mit den Tierbildern sind:

0	Einsprung	6	rechter Hund
1	linker Hund	7	Pferd
2	Ziege	8	Gazelle
3	linker Hund	9	Pferd
4	rechter Hund	10	Hirsch
5	Ziege	11	Aussprung

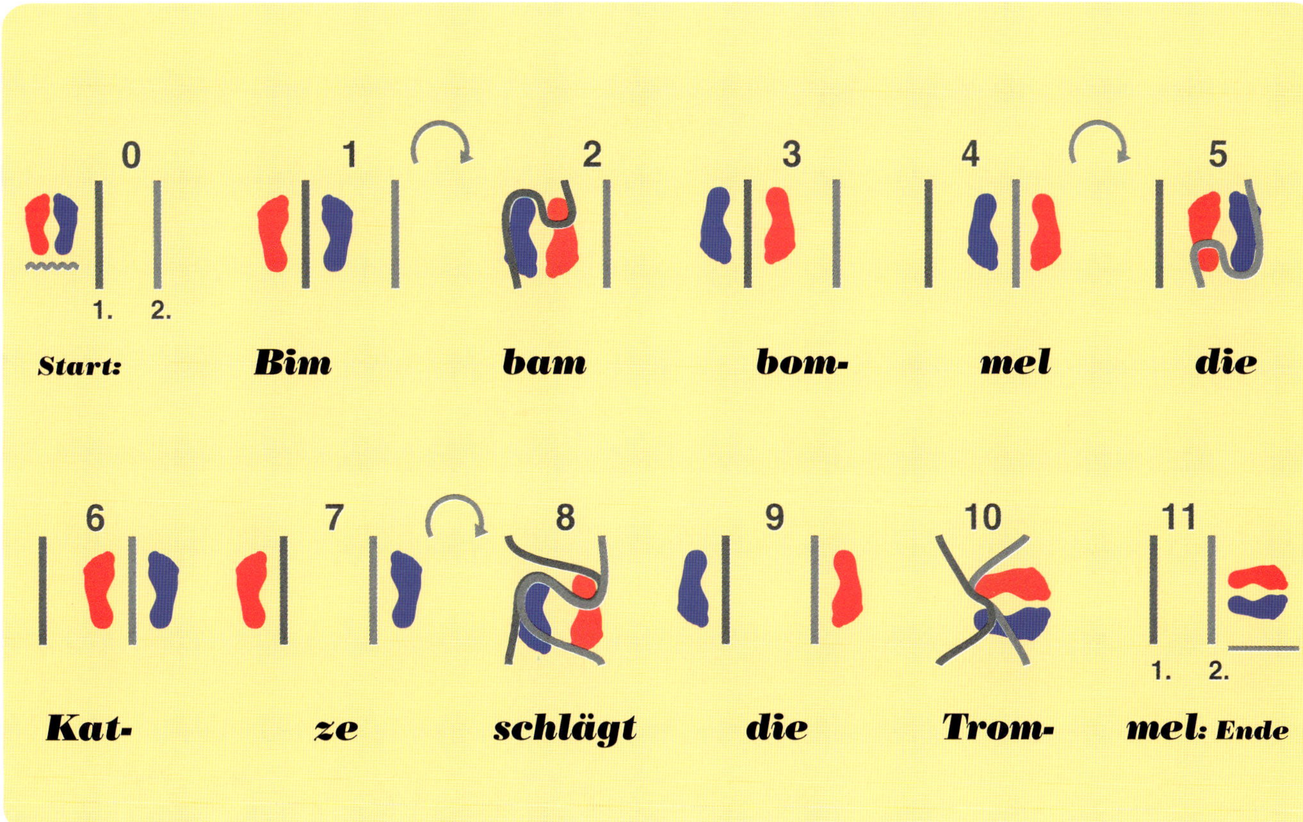
0
1
2
3
4
5
1. 2.
Start:
Bim
bam
bom-
mel
die
6
7
8
9
10
11
1. 2.
Kat-
ze
schlägt
die
Trom-
mel: Ende

Dornröschen

Start → Dorn – röschen – war

ein – schö – nes – Kind → Aus

Die Sprünge mit den Tierbildern sind:

0	Einsprung	4	Hirsch
1	Eule	5	Katze
2	Leopard	6	Aussprung Band 2
3	Pferd	7	Floh

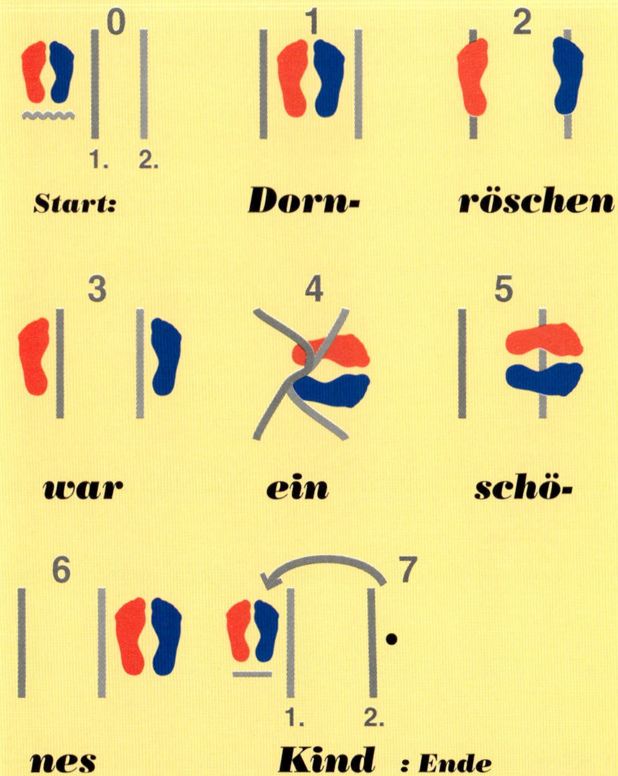

Summ – Summ

Start →

Summ – summ – summ

Bien – chen – summ

her – um

→ Aus

Die Sprünge mit den Tierbildern sind:

0	Einsprung		
1	Pferd	5	Pferd
2	Gazelle	6	Eule
3	Pferd	7	Pferd
4	Gazelle	8	Aussprung

Schneewittchen

Start → Schnee – witt – chen (Aus →)

und – die – sie – ben (← Aus)

Zwer – ge – 1 – 2

3 – 4 – 5 – 6 – 7 (Aus →)

Die Sprünge mit den Tierbildern sind:

0 Ausgangsposition ganz nah am Gummi

1	Seehund	10	rechter Hund
2	Aussprung rechts	11	linker Hund
3	Seehund	12	rechter Hund
4	Aussprung links	13	linker Hund
5	linker Hund	14	rechter Hund
6	Delfin vorwärts	15	linker Hund
7	Delfin rückwärts	16	Aussprung rechts
8	Delfin rückwärts		
9	Delfin vorwärts		

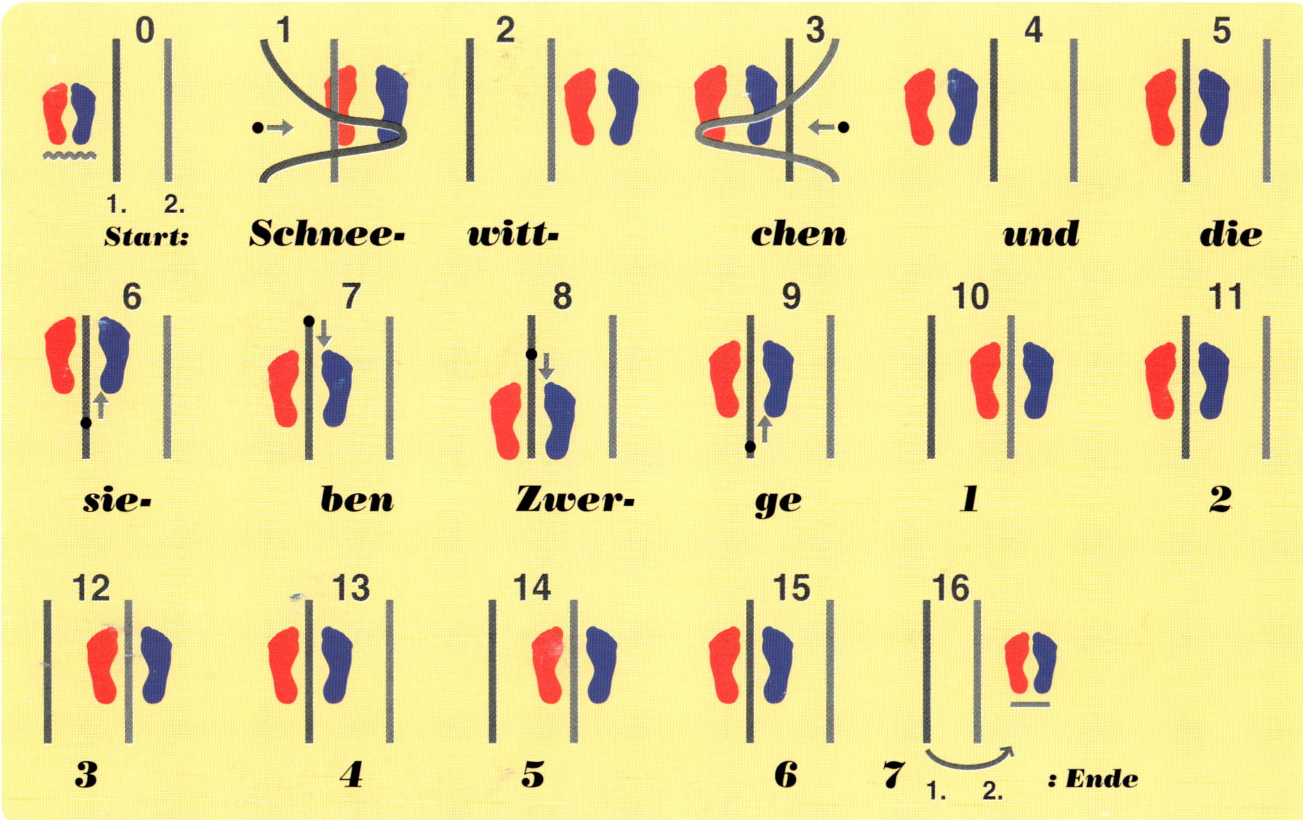
0
1
2
3
4
5
1. 2.
Start:
Schnee-
witt-
chen
und
die
6
7
8
9
10
11
sie-
ben
Zwer-
ge
1
2
12
13
14
15
16
3
4
5
6
7
1. 2.
: Ende

Spieltabelle

Name:

Datum

1. Beispiel-Twist	Eure Sprungfolge	2. Beispiel-Twist	Eure Twistfolge
– links Einsprung	______	1. Twist-Sprung ☐	______ ☐
– linker Hund	______	2. Tante Kitty ☐	______ ☐
– rechter Hund	______	3. Tante Wanda ☐	______ ☐
– Eule	______	4. Tante Jutta ☐	______ ☐
– Pferd	______	5. Die Maus ☐	______ ☐
– Hirsch	______	6. Aschenputtel ☐	______ ☐
– Aussprung rechts	______	7. Heile, heile Segen ☐	______ ☐
	______	8. … ☐	______ ☐
			______ ☐

Höhen:	Normal	Hickel	Schere	Pferdetrab	Gehen
1.	☐	☐	☐	☐	☐
2.	☐	☐	☐	☐	☐
3.	☐	☐	☐	☐	☐
4.	☐	☐	☐	☐	☐

Breiten:	Pferdefuß	Engpass	Normal	Breitpass	Wackelpudding
	☐	☐	☐	☐	☐